LES JEUX OLYMPIQUES
DES INSECTES

LES JEUX OLYMPIQUES DES INSECTES

Eugène
Tom Tirabosco

LA JOIE DE LIRE

C’est la course. Dans une heure débute la cérémonie d’ouverture des Jeux Olympiques !
Il y aura des artistes, des drapeaux, des feux d’artifices, des caméras de télévision…
Et des sportives et des sportifs du monde entier, bien sûr !

Hélas, un des cars est en retard. Très en retard.
Le chauffeur s’est trompé de route
et roule en pleine campagne.

À l’intérieur, les athlètes s’impatientent.
– Les J.O. c’est tous les quatre ans,
rouspètent-ils, on va rater le début !

PIQUES

Un petit criquet passe par là.
Il s'appelle Max et saute de buisson en buisson.
Oh ! le voilà qui passe par une des fenêtres ouvertes du car.
Effrayé, l'insecte bondit dans tous les sens. Il se cogne
contre les fauteuils, le plafond et les vitres.

– Ah, ah, ah ! Qu'il est ridicule avec ses petits sauts !
rigole une championne de plongeon.

– Moi, ridicule? répond le criquet, en posant quatre pattes sur ses hanches. Venez participer à nos jeux olympiques, et on verra bien.

Les sportifs restent bouche bée.
Non seulement, ils n'ont jamais entendu un criquet parler,
mais encore moins un criquet qui parle de jeux olympiques!

– Alors, les petits minables, insiste Max, on y va ou vous avez peur de perdre?
– Peur d'un criquet! ricane un haltérophile aux biceps gros comme des pastèques.
Tant pis pour la cérémonie d'ouverture, on relève le défi!

Aussitôt, le car avec tous ses occupants rapetisse
jusqu'à devenir de la taille d'un abricot...

Max guide le chauffeur à travers les brins d'herbe.
Les tiges de marguerites larges comme des troncs de séquoia sont particulièrement dangereuses. Enfin, ils débouchent dans une clairière.
Un immense bâtiment en forme de cône s'élève vers le ciel.
Le sommet disparaît dans les nuages. C'est Termitia,
le stade olympique construit par les termites.
Les passagers du car n'en croient pas leurs yeux.

– Même les gratte-ciels de New York ne sont pas aussi hauts !
s'extasie une sprinteuse.

Une forêt d'antennes pénètre dans le stade. Au-dessus de la porte, les cinq anneaux olympiques ont été fabriqués par des araignées multicolores.

– Hé, les humains! vous me suivez? crie le criquet à nos athlètes.

À l'intérieur de Termitia, l'ambiance est hallucinante.
Vingt mille fourmis chantent en cœur, cinquante mille scarabées rhinocéros agitent leurs cornes en rythme, un million d'abeilles propulsent des poignées de pollen qui scintillent dans le ciel.

L'écran central n'est pas composé de pixels, mais de coccinelles qui se déplacent pour former des lettres et des chiffres. Soudain, le mot «SILENCE» s'affiche à l'écran.

Attention, la première épreuve va commencer : le sprint.

Sur la ligne de départ ont pris place trois hannetons tout en muscle, une cigale élégante, deux scarabées dodus et ventrus et une libellule. L'arbitre, une chenille rousse, crie dans un haut-parleur : « À vos pattes, prêts, partez ! »

La sprinteuse humaine se propulse en avant de toutes ses forces. Mais à peine est-elle partie, que la libellule a déjà parcouru la moitié du chemin ! Sa vitesse est phénoménale. On dirait une comète !

Lorsque la sprinteuse franchit la ligne d'arrivée, la libellule a déjà fini la course depuis longtemps. Elle a eu le temps de remercier ses parents et son entraîneur et même de recevoir la médaille d'or.

Épreuve numéro deux : le saut en hauteur.

Le champion humain franchit la barre placée un peu au-dessus de sa tête. Une puce ronde et luisante s'élance à son tour et réussit un bond stupéfiant. Elle disparaît dans le ciel ! Les coccinelles se déplacent sur l'écran central. Le résultat s'affiche en grandes lettres d'or : PUCE !

Max s'assied à côté du sportif écœuré et lui explique :
– Dans la vraie vie, un homme mesure 1,80 mètre et saute à 2,50 mètres. Une puce mesure 3 millimètres et bondit à 20 centimètres.
– Justement, proteste le sportif, 20 centimètres, c'est rien.
– Réfléchis : la puce saute plus de soixante fois sa propre taille ! C'est comme si un touriste atteignait le deuxième étage de la tour Eiffel en un seul bond.
– La puce se dope ! crie le sportif. C'est de la triche.
– Si elle se dope, c'est à la modestie. D'ailleurs, aucune puce n'a jamais reçu un centime de la part d'un sponsor pour ses exploits.

PUCE

Épreuve suivante : l'haltérophilie.

Le champion humain s'approche en dandinant ses biceps.
Il se baisse, grimace, transpire, devient rouge comme
un piment et finit par soulever une barre de 270 kilos.
Un exploit unique.

Une fourmi le remplace.
L'haltérophile rigole en voyant la jolie demoiselle avec ses antennes interminables et sa robe rouge. On se croirait à un défilé de mode. D'une seule patte fine et élancée, l'insecte soulève la même barre.

– Tu fais pas le poids, p'tit gars, rigole Max. Une fourmi est capable de soulever vingt fois son propre poids.
– Vingt fois ?! Mais alors, ça veut dire que si la fourmi avait la taille d'un homme, elle soulèverait trois chevaux à bout de bras !

Se faire battre par une libellule, une puce et une fourmi, c'est dur pour le moral.
Mais les humains comptent se rattraper avec l'épreuve suivante : le marathon.
Il s'agit de courir 42 kilomètres. Quel insecte peut tenir sur une pareille distance ?
Un marathonien et un papillon Belle-Dame aux ailes orangées et noires partent en même temps.
Le marathonien court sans s'arrêter. Ses mollets lui font mal et ses poumons le brûlent.

ARRIVÉE

À l'arrivée, il jette un œil derrière lui pour voir où le papillon est resté.

– Coucou ! dit une voix à ses côtés.

C'est Mademoiselle Belle-Dame. Elle se repose sur une chaise longue en sirotant un jus d'herbe. Elle a fini la course depuis longtemps déjà.

Le marathonien est consterné.

– Eh oui, sourit Max, les papillons Belle-Dame volent près de 4 000 kilomètres chaque année. Ils voyagent de l'Islande au Maroc avec leurs petites ailes de 7 centimètres.

Max donne une dernière chance aux humains. Si l'un d'entre eux parvient à le battre au saut en longueur, leur honneur sera sauf. Coup de chance, parmi le groupe se trouve la championne olympique en personne. Désormais, tous les espoirs reposent sur elle. Elle se concentre, s'élance et réussit un bond magnifique. Toute l'équipe la félicite.

Sans aucun élan, le criquet saute par-dessus la piste, les athlètes et le car réunis! À l'échelle humaine, cela représente un bond de 60 mètres.

Les coccinelles affichent le mot « BRAVO » sur l'écran central.
Des milliers de pucerons sautent dans tous les sens,
des nuages de papillons violets dansent dans le ciel azur.
Et les grillons stridulent en frottant leurs ailes l'une contre l'autre.

Face à une telle explosion de joie et de couleurs,
les athlètes ne peuvent que se joindre à la fête.
Ils valsent avec les cigales et dégustent des pétales
de rose grillés. Le plus dur est de jouer à saute-mouton
avec une puce qui fait des bonds de 120 mètres...

Tout à coup, le chauffeur du car se souvient que l'équipe est attendue au stade olympique.
Ils regagnent leurs sièges à toute vitesse. Hop! Le car retrouve sa taille normale.
Le chauffeur démarre en trombe, laissant derrière lui Max et Termitia.
À minuit, le car arrive enfin devant le stade olympique.
Qu'il semble petit et fragile en comparaison de celui bâti par les termites...

CINEMA
PUB
BAR

– Où étiez-vous passés ? demande le directeur du stade, très énervé. La cérémonie d'ouverture vient de se terminer. On vous attendait !

– On a rendu une petite visite à de grands athlètes, explique une joueuse de tennis.

– Les meilleurs athlètes du monde sont ici et nulle part ailleurs, répond le directeur en se lissant les moustaches avec fierté.

Le directeur tourne les talons. Sa chaussure droite s'apprête à écraser une fourmi transportant une miette de pain. Tous bondissent pour sauver le minuscule insecte.

– Qu'est-ce qu'il y a ? proteste le directeur qui n'a même pas remarqué la fourmi sur l'asphalte.
– On vient de sauver une championne olympique !

Avec le soutien de la Ville de Lausanne.

Les Editions La Joie de lire bénéficient d'un soutien de la Ville de Genève
sous la forme d'une convention de subventionnement.

5 chemin Neuf - CH - 1207 Genève

ISBN: 978-2-88908-074-8
Troisième édition: mars 2024
Dépôt légal: mars 2011
Loi n 49-956 du 16 juillet 1949
sur les publications destinees a la jeunesse

Imprimé en Lettonie sur du papier FSC

FSC www.fsc.org MIXTE Papier issu de sources responsables FSC® C008322